Let´s cook Spanish food!

Vol. Brown

ÍNDICE

3

INTRODUCCIÓN

Dentro de **Improve Spanish Reading** os presentamos **Let´s cook Spanish food**, una serie de libros de recetas de comida típica española, con las que aprender de una manera práctica el idioma español.

Así se ofrece, tanto al estudiante como al profesor, el material necesario para el desarrollo del aprendizaje de la lengua española mediante tareas. La actividad propuesta, cocinar un plato español, nos acerca a la cultura gastronómica, fomentando el uso real de la lengua.

Estas propuestas prácticas nos llevarán al aprendizaje de nuevo vocabulario y expresiones que podremos incorporar de manera sencilla al día a día.

Y es que, como todos sabemos, las cosas que se hacen se aprenden.

En cada libro encontraremos:

Quince recetas de cocina, explicadas paso a paso: ingredientes y preparación.
Fotografías de cada plato.
Trucos y consejos.
Vocabulario útil.
Tabla de equivalencias sistema inglés-español.

MÉTODO

Para optimizar el aprendizaje y sacar el máximo partido a cada receta, proponemos leer el vocabulario útil de cada plato, antes de comenzar. Posteriormente leer la receta dos veces y preparar los ingredientes. Ahora, ya estás listo para cocinar comida española. **¡Disfruta y aprende!**

INTRODUCTION

As part of **Improve Spanish Reading** we introduce you **Let's cook Spanish food**, a series of typical Spanish food recipes, to learn in a practical way the Spanish language.

Thus both the student and the teacher can find the necessary material for the development of learning the Spanish language through activities. The suggested task, cooking a Spanish dish, brings us closer to the gastronomic culture, promoting the real use of the language.

These practical proposals will lead us to learning new vocabulary and expressions that we can incorporate in a simple way in our daily life.

As we all know, things that are made are learned.

In every book we will find:

Fifteen recipes of cooking, explained step by step: ingredients and preparation.
Photographs of each dish.
Tricks and tips.
Useful vocabulary.
Table of equivalences English-Spanish system.

METHOD

To optimize learning and get the most out of each recipe, we suggest to read the useful vocabulary, of each dish, before starting.

Then read the recipe twice and prepare the ingredients. Now, you are ready to cook Spanish food. **Enjoy and learn!**

La cocina es el corazón
de la casa

(Spanish proverb)

The kitchen is the heart
of the house

RECETA DE TORTILLA ESPAÑOLA

 Ingredientes (para 4 personas)

- 6 huevos
- 3 patatas (500 gramos)
- 1 cebolla
- 2 vasos de aceite de oliva
- sal

Preparación

Pelar, lavar y cortar las patatas en rodajas finas. Añadir la sal a gusto. Poner las patatas en la sartén con el aceite muy caliente. Freír las patatas hasta que estén blandas. Cortar la cebolla en trozos de tamaño medio. Cuando la patata esté casi hecha añadimos la cebolla. Freír todo junto tres 3 minutos. Escurrir muy bien el aceite y poner las patatas junto con la cebolla en un plato.

En un bol, batir los huevos y añadir un poco de sal. Agregar las patatas con la cebolla. Dejar reposar unos minutos la mezcla.

En la sartén poner una cucharada de aceite. Añadir la mezcla cuando el aceite esté caliente. Dejar la mezcla durante unos minutos a fuego lento, despegar con una cuchara la tortilla de la pared de la sartén.

Colocar un plato más grande que la sartén sobre la misma para dar la vuelta a la tortilla. Volcar la tortilla en la sartén y cocinar por ese lado durante unos minutos. El tiempo dependerá de si la queremos más o menos cuajada.

Colocar la tortilla en un plato y servir.

Trucos y consejos

Es mejor usar una sartén antiadherente para que la tortilla no se pegue en el fondo.
La tortilla se come fría o caliente.
Puedes no poner cebolla.

Vocabulario tortilla española

A gusto: at ease
Aceite de oliva: olive oil
Agregar: to incorporate
Antiadherente: nonstick
Añadir: to add
Batir: to beat
Bien: good
Blanda/s: soft
Bol: bowl
Caliente: hot
Cebolla: onion
Cocinar: to cook
Colocar: to put
Comer: to eat
Consejo/s: adevice/s
Cortar: to cut, to chop
Cuajada: set
Cuchara: spoon
Cucharada: spoonful
Dar la vuelta: to turn over
Dejar: to allow
Depender de: to depend on
Despegar: to unstick
Durante: for
Escurrir: to strain
Estar: to be
Fina/s: thin
Fondo: bottom
Freír: to fry
Fría: cold
Fuego lento: slow cooked

Grande: big
Huevo/s: egg/s
Ingrediente/s: ingredient/s
Lado: side
Lavar: to wash
Mezcla: mixture
Minuto/s: minute/s
Patata/s: potato/es
Pared: lining
Pegar: to stick
Pelar: to peel
Persona/s: person/people
Plato: dish
Poner: to put
Preparación: preparation
Querer: to want
Receta: recipe
Reposar: to stand (to let stand)
Rodaja/s: slice/s
Sal: salt
Sartén: frying pan
Servir: to serve
Tamaño medio: medium size
Tiempo: time
Todo junto: all together
Tortilla española: Spanish omelette
Trozo/s: piece/s
Trucos: tricks
Usar: to use
Vaso/s: glass/es
Volcar: to turn over

RECETA DE GAZPACHO ANDALUZ

 Ingredientes (para 6 personas)

- 1 kilogramo de tomate
- 1 pimiento verde
- 1 pepino
- 250 mililitros de aceite de oliva
- 50 gramos de pan duro
- 250 mililitros de agua
- 5 gramos de sal
- 20 mililitros de vinagre

Para la guarnición

- 1 cebolla picada.
- 1 pimiento verde picado
- 1 pepino picado
- 1 tomate picado

Preparación

Lavar y pelar los tomates. Cortar los tomates en cuatro trozos. Lavar y cortar el pimiento. Pelar el pepino y cortarlo en trozos. Mojar el pan duro en el vinagre. Poner todo en un recipiente y añadir los 250 mililitros de aceite, los 250 mililitros de agua y la sal. Triturar con la batidora hasta que no queden grumos. Dejar en la nevera.

Para la guarnición:

Lavar las hortalizas y cortarlas en dados pequeños.

Consejos y trucos

Servir muy frío. Poner la guarnición en cuencos separadamente para que cada uno se sirva a su gusto. Si el gazpacho queda muy espeso, puedes añadir un poco de agua o unos cubitos de hielo.

Vocabulario gazpacho andaluz

Aceite de oliva: olive oil
Agua: water
A gusto: at ease
Añadir: to add
Batidora: mixer
Cebolla: onion
Consejo/s: advice/s
Cortar: to chop, to cut
Cubitos de hielo: ice cubes
Cuenco/s: bowl/s
Dado/s: cube/s
Dejar: to allow
Espeso: thick
Frío: cold
Grumo/s: lump/s
Guarnición: garnish
Hortaliza/s: vegetable
Ingrediente/s: ingredient/s
Lavar: to wash
Mojar: to wet
Nevera: fridge
Muy: very
Pan duro: stale bread
Pelar: to peel
Pepino: cucumber
Pequeño/s: small
Persona/s: person/ people
Picada: minced
Pimiento verde: green pepper
Poder: to be able
Poner: to put

Preparación: preparation
Quedar: to get
Receta: recipe
Recipiente: container
Sal: salt
Separadamente: separately
Servir: to serve
Todo: all
Tomate/s: Tomato/es
Triturar: to mix
Trozo/s: piece/s
Trucos: tricks
Vinagre: vinegar

Paella mixta

RECETA DE PAELLA MIXTA

 Ingredientes (para 5 personas)

- 200 gr. de arroz bomba
- 1 muslo de pollo
- 5 langostinos
- 5 mejillones
- 10 almejas
- 100 gramos de judías verdes
- 1 tomate rallado
- 1 limón
- agua
- aceite de oliva virgen extra
- sal
- 1 cucharadita de pimentón dulce

Preparación

En una paella, sofreír las almejas, los mejillones y los langostinos con un chorro de aceite. Retirar el marisco y reservar.

Trocear el muslo de pollo y ponerlo en la paella. Sazonar y cocinar durante 10-15 minutos, hasta que se dore bien. Trocear las judías verdes y añadir. Agregar el tomate rallado y sofreír todo. Espolvorear con un poco de pimentón. Añadir el arroz y remover. Añadir agua hasta cubrir el arroz con agua. Salar. Cocinar a fuego fuerte durante 10 minutos.

Pasados los 10 minutos, añadir el marisco. Cocinar el conjunto a fuego medio durante 8 minutos y retirar del fuego. Tapar con un paño y dejar reposar durante 8 minutos. Servir.

Consejos y trucos

Usar arroz redondo, llamado "arroz bomba". Se añade doble de agua que de arroz. Además de pollo se puede poner cerdo y conejo a gusto. Acompañar las raciones de paella con rodajas de limón. El jugo del limón se echa por encima.

Vocabulario paella mixta

A fuego fuerte: at high heat
A fuego lento: at slow cooked
A fuego medio: at medium heat
A gusto: at ease
Aceite de oliva virgen extra: extra virgin olive oil
Acompañar: to go with
Agregar: to incorporate
Agua: water
Almeja/s: clam/s
Arroz bomba: bomba rice
Añadir: to add/ to incorporate
Bien: good
Cerdo: pork
Chorro: stream
Cocinar: to cook
Conejo: rabbit
Conjunto: whole
Consejo/s: advice/s
Cubrir: to cover
Cucharadita: small spoon
Dejar reposar: to let stand
Doble: double
Dorar: to brown
Durante: for
Echar: to pour
Espolvorear: to dust
Ingrediente/s: ingredient/s
Judías verdes: green beans
Jugo: juice
Langostino/s: prawn/s
Limón: lemon

Marisco: shellfish
Mejillón/mejillones: mussel
Minuto/s: minute/s
Muslo de pollo: chicken thigt
Paella: paella
Paella mixta: mixed paella
Paño: towel
Persona/s: person/people
Pimentón dulce: sweet paprika
Poner: to put
Preparación: preparation
Ración/raciones: portion/s
Receta: recipe
Remover: to stir
Reservar: to keep
Retirar: to remove
Rodaja/s: slice/s
Sal: salt
Salar: to salt
Sazonar: to season
Servir: to serve
Sofreír: to fry lightly
Tapar: to cover
Tomate rallado: crushed tomato
Trocear: to mince/to chop
Trucos: trices

RECETA DE MIGAS CON HUEVO FRITO

 Ingredientes (para 6 personas)

- 500 gramos de pan de pueblo
- agua
- 200 gramos de chorizo
- 100 gramos de cerdo
- 3 dientes de ajo
- aceite de oliva
- 6 huevos
- sal

Preparación

Desmigar el pan con las manos y humedecerlo ligeramente con agua. Envolver con un paño de cocina limpio durante unos minutos.

En una cacerola, poner aceite de oliva y añadir los ajos picados, el chorizo y el cerdo a trozos. Después añadir el pan. Freír a fuego medio hasta dorar el pan, moviendo todo con una cuchara de madera.

Para hacer los huevos fritos, en una sartén más pequeña, poner aceite abundante y cuando esté caliente, cascar el huevo y freírlo. Sacarlo y salar.

Servir poniendo en cada plato las migas junto al huevo.

Trucos y consejos

Las migas son un plato típico de muchas regiones de España y en cada una tienen variantes, así en algunos lugares les añaden morcilla, uvas, jamón serrano.
Es recomendable que antes de echar el huevo a la sartén lo coloquemos en un vaso para evitar que la cáscara pueda caer a la sartén.

Vocabulario migas con huevo frito

Abundante: plenty of
Aceite de oliva: olive oil
Agua: water
Ajo/s picados: chopped garlic/s
Antes: before
Añadir: to incorporate
Cacerola: sauce pan
Caer: to fall
Caliente: hot
Cascar: to break
Cerdo: pork
Chorizo: hard pork sausage
Colocar: to put
Consejo/s: advice/s
Cuchara de madera: wooden spoon
Cáscara: shell
Desmigar: to crumble
Dientes de ajo: cloves of garlic
Dorar: to brown
Durante: for
Echar: to incorporate, to put
Envolver: to wrap (up)
Estar: to be
Evitar: to prevent
Freír: to fry
Fuego medio: medium heat
Hacer: to make
Huevo frito: fried egg
Humedecer: to moisten
Ingrediente/s: ingredient/s
Jamón serrano: Serrano jam

Limpio: clean
Lugar/es: place/s
Mano/s: hand/s
Migas: crumbs
Minuto/s: minute/s
Morcilla: blood sausage
Mover: to stir
Pan de pueblo: made bread
Paño de cocina: kitchen towel
Pequeña: small
Persona/s: person/ people
Plato: dish
Poder: to be able to
Poner: to put
Preparación: preparation
Receta: recipe
Recomendable: recommendable
Región/regiones: region/s
Sacar: to take out
Sal: salt
Salar: to salt
Sartén: frying pan
Servir: to serve
Tener: to have
Trucos: tricks
Típico: traditional
Uva/s: grape/s
Variante/s: version/s
Vaso: glass

RECETA DE SALMOREJO

 Ingredientes (para 5-6 personas)

- 1 kilogramo de tomate
- 100 gramos de pan duro
- 150 mililitros de aceite de oliva
- sal a gusto
- unas gotas de vinagre.

Para la guarnición:

- 1 huevo duro
- jamón serrano a dados

Preparación

Lavar, pelar y cortar los tomates. Colocarlos en un recipiente. Añadir el pan duro. Añadir los 150 mililitros de aceite de oliva, la sal y las gotas de vinagre. Triturar todo con la batidora hasta que no queden grumos. Meter en la nevera y dejar enfriar.

Para la guarnición:

Calentar agua en una cacerola pequeña y una vez hierva introducir el huevo con ayuda de una cuchara. Bajar un poco el fuego y cocer durante 12 minutos. Sacar el huevo y dejarlo enfriar. Pelar el huevo. Cortar el huevo en trozos pequeños.
Cortar el jamón serrano en dados.
Servir la guarnición en cuencos a parte para que cada uno se ponga a su gusto.

Consejos y trucos

Si el salmorejo está muy espeso puedes añadir algo de agua o unos hielos. A la hora de hervir el huevo añadir un poco de sal al agua, así hierve antes. Para ahorrar tiempo, puedes enfriar el huevo debajo del grifo o sumergirlo en un vaso con agua. También puedes hervirlo el día anterior.

Vocabulario salmorejo

A gusto: at ease
Aceite de oliva: olive oil
Agua: water
Ahorrar: to save
Algo: something
Anterior: previous
Así: like that
Ayuda: help
Añadir: to add
Bajar: to lower
Batidora: mixer
Cacerola: saucepan
Calentar: to heat up
Cocer: to boil
Colocar: to put
Consejo/s: advice/s
Cortar: to chop/ to cut
Cuchara: spoon
Cuenco/s: bowl/s
Dado/s: cube/s
Debajo: under
Dejar: to allow
Día: day
Enfriar: to get cold
Espeso: thick
Estar: to be
Fuego: burner
Gota/s: drop/s
Grifo: tap
Grumo/s: lump
Guarnición: garnish

Hasta: until
Hervir: to boil
Huevo duro: hard-boiled egg
Ingrediente/s: ingredient/s
Introducir: to put
Jamón serrano: Serrano ham
Lavar: to wash
Meter: to get into
Minuto/s: minute/s
Nevera: fridge
Pan duro: stale bread
Pelar: to peel
Persona/s: person/ people
Poco: little
Poder: to be able to
Poner: to put
Preparación: preparation
Quedar: to result in
Receta/s: recipe/s
Recipiente: container
Sacar: to take out
Sal: salt
Servir: to serve
Sumergir: to immerse
También: too
Tiempo: time
Todo: all
Tomate/s: tomato/es
Triturar: to mix
Trozo/s: piece/s
Trucos: tricks
Vaso: glass
Vinagre: vinegar

RECETA DE CROQUETAS DE JAMÓN
SERRANO

 Ingredientes (para 6 personas)

- 300 gramos de jamón serrano
- 100 gramos de harina
- 100 gramos de mantequilla (o 100 mililitros de aceite de oliva)
- pan rallado
- harina
- leche
- 3 huevos batidos

Preparación

Cortar la mantequilla en dados y derretir en un cazo. Después, añadir la harina y remover para que se mezcle bien. Añadir leche poco a poco removiendo hasta que quede una masa espesa.

Añadir el jamón serrano cortado en trozos y dejar enfriar la mezcla en la nevera.

Cuando la masa esté fría, moldear las croquetas.

Enharinar cada croqueta y pasarla por huevo y pan rallado. Freír en una sartén con abundante aceite caliente.

Sacarlas de la sartén y dejarlas en un papel de cocina para que absorba el exceso de aceite. Servir.

Consejos y trucos

Para que no se hagan grumos en la bechamel utilizar leche a temperatura ambiente o usar la batidora al final. Para moldear las croquetas, cortar la masa y dar forma con las manos o con dos cucharas.
Puedes cambiar el jamón por pescado o incluso por verduras. A cualquiera de estos rellenos, puedes añadirle un huevo picado.

Vocabulario croquetas de jamón serrano

Absorber: to absorb
Abundante: plenty of
Aceite de oliva: olive oil
Al final: at the end
Añadir: to incorporate
Batidora: mixer
Bechamel: bechamel
Bien: good
Caliente: hot
Cambiar: to change
Cazo: pot
Consejo/s: advice/s
Cortar: to chop
Croqueta/s: croquette
Cuchara: spoon
Dado/s: cube/s
Dejar enfriar: to get cold
Derretir: to melt
Enharinar: to sprinkle with flour
Espesa: thick
Estar: to be
Exceso: excess
Freír: to fry
Fría: cold
Grumo/s: lump/s
Hacer: to make
Harina: flour
Huevo picado: minced egg
Huevo batido: beaten egg
Ingrediente/s: ingredient/s
Jamón serrano: Serrano ham

Leche: milk
Mano/s: hand/s
Mantequilla: butter
Masa: dough
Mezcla: mixture
Mezclar: to mix
Moldear: to mould
Nevera: fridge
Pan rallado: bread crumbs
Papel de cocina: kitchen paper
Pasar por huevo: to cover with egg
Persona/s: person/people
Pescado: fish
Poder: to be able to
Preparación: preparation
Quedar (obtener): to obtain/to get
Receta: recipe
Relleno/s: filling
Remover: to stir
Sacar: to take out
Sartén: frying pan
Servir: to serve
Temperatura ambiente: room temperature
Trozo/s: piece/s
Trucos: tricks
Usar: to use
Utilizar: to use
Verdura: vegetable/s

RECETA DE PATATAS BRAVAS

Ingredientes (para 4 personas)

Para las patatas

- 5 o 6 patatas medianas
- aceite de oliva
- sal

Para la salsa brava (400 gramos)

- 2 cucharadas pequeñas de pimentón
- 1 cebolla
- 250 mililitros de agua
- 20 gramos de harina
- 2 cucharadas soperas de aceite de oliva
- 1 diente de ajo
- sal

Preparación

Pelar y lavar las patatas. Cortarlas en dados. En una sartén, calentar el aceite y freír hasta que estén hechas. Lo sabrás porque se pinchan fácilmente con un tenedor.

Para hacer la salsa, picar la cebolla y el ajo. Calentar aceite en una sartén y añadir la cebolla, el ajo y una pizca de sal. Sofreír durante 5 minutos hasta que la cebolla esté transparente. Añadir el pimentón y remover. Añadir la harina y remover. Añadir el agua y remover. Remover todo durante 8 o 10 minutos a fuego lento. Triturar la mezcla con la batidora.

Consejos y trucos

Es importante el tipo de patata que se utilice, que sea patata para freír. El espesor de la salsa brava lo podemos aumentar con harina o lo diluir con caldo. Servir con algo de pan para acompañar.

Vocabulario patatas bravas

Aceite de oliva: olive oil
Acompañar: to go with
A fuego lento: slow cooked
Agua: water
Aumentar: to increase
Añadir: to incorporate
Batidora: mixer
Caldo de ave: soup
Calentar: to heat
Cebolla/s: onion/s
Consejo/s: advice/s
Cortar: to cut, to chop
Cucharadas pequeñas: tea spoon
Cucharadas soperas: soup spoon
Dado/s: cube/s
Diente de ajo: clove of garlic
Diluir: to dilute
Durante: for
Espesor: density
Freír: to fry
Fácilmente: easily
Harina: flour
Importante: important
Ingrediente/s: ingredient/s
Lavar: to wash
Mediana: medium
Mezcla: mixture
Minuto/s: minute/s
Pan: bread
Patata/s: potato/es
Patatas bravas: fried potato wedges

Pelar: to peel
Persona/s: person/people
Picar: to mince
Pimentón: paprika
Pinchar: to poke
Pizca de sal: pinch of salt
Preparación: preparation
Receta: reciepe
Remover: to shake
Saber: to know
Sal: salt
Salsa: sauce
Sartén: frying pan
Ser: to be
Servir: to serve
Sofreír: to fry lightly
Tenedor: fork
Tipo: kind
Transparente: transparent
Triturar: to crush
Trucos: tricks
Utilizar: to use

RECETA DE PATATAS ALIOLI

 Ingredientes (para 4 personas)

- 4 patatas medianas

Para la salsa Alioli

- 1 diente de ajo
- 1 huevo
- 200 mililitros de aceite de oliva o girasol
- 1 cucharada de vinagre de vino blanco o limón
- 1 cucharada de perejil picado
- 1 cucharada pequeña de sal

Preparación

Lavar muy bien las patatas con agua. En una cacerola, cubrir las patatas con agua y sal. Hervir las patatas con la piel durante 30 minutos. Pinchar con un tenedor las patatas para comprobar que están bien cocidas (el tenedor entra y sale sin dificultad). Escurrir el agua y dejar enfriar. Una vez frías, pelar las patatas con la mano. Cortar en dados no muy grandes y poner en un plato.

Salsa Alioli

En el vaso de la batidora poner el diente de ajo pelado, la sal, el vinagre o el limón, el huevo y el aceite. Introducir la batidora hasta el fondo y batir a potencia máxima durante 30 segundos sin levantar la batidora del fondo. Ir subiendo la batidora hasta conseguir la emulsión de los ingredientes. Añadir el perejil picado y mezclar con las patatas.

Colocar la mezcla en una fuente y guardar en la nevera. Servir frío.

Trucos y consejos

Poner en una bandeja pan en rodajas para acompañar las patatas Alioli. Este plato es típico de los bares de tapas en España.

Vocabulario patatas Alioli

Aceite de oliva: olive oil
Acompañar: to go with, to accompany
Agua: water
Ajo: garlic
Añadir: to add
Bandeja: tray
Bar/es: bar/s
Batidora: mixer
Cacerola: sauce pan
Cocida/s: cooked
Colocar: to put
Comprobar: to check
Conseguir: to get
Consejo/s: tip/s
Cortar en dados: to cut into cubes
Cortar en rebanadas: to cut into slices
Cubrir: to cover
Cucharada: tablespoon
Dado/s: cube/s
Dejar: to allow
Diente de ajo: clove of garlic
Dificultad: difficulty
Durante: for
Emulsión: emulsion
Enfriar: to chill
Entrar: to enter
Escurrir: to strain
Fondo: bottom
Fría/s: cold
Fuente: platter, dish
Girasol: sunflower

Grande/s: big
Guardar: to keep
Hervir: to boil
Huevo/s: egg/s
Ingrediente/s: ingredient/s
Introducir: to put
Ir subiendo: to go up
Lavar: to wash
Levantar: to raise
Limón: lemon
Mano: hang
Máxima: highest
Mezcla: mixture
Mezclar: to mix, to blend
Minuto/s: minute/s
Nevera: fridge
Pan: bread
Patatas medianas: medium potatoes
Pelado/s: peeling
Pelar: to peel
Pequeña: small
Perejil: parsley
Persona/s: person/ people
Picado: minced
Piel: skin
Pinchar: to poke
Plato: plate
Poner: to put
Potencia: power
Preparación: preparation
Receta: recipe
Rodaja/s: slice/s
Sal: salt

Salir: to leave
Salsa Alioli: Alioli sauce
Segundo/s: second/s
Servir: to serve
Tapa/s: snack/s
Tenedor: fork
Trucos: tricks
Típico: traditional
Vaso: glass
Vinagre: vinegar
Vino blanco: white wine

RECETA PAN DE PUEBLO

 Ingredientes

- 500 gramos de harina de fuerza 00

- 10 gramos de levadura para pan

- 300 mililitros de agua tibia

- 10 gramos de sal

Preparación

En un recipiente, mezclar todos los ingredientes y amasar hasta obtener una masa elástica. Dar forma de bola.

Enharinar un recipiente más grande y colocar ahí la masa anterior. Taparlo con un paño de cocina durante 1 hora.

Transcurrida esa hora, amasar otra vez, y volver a dejar la masa en otro recipiente que tapamos con papel de plástico transparente, para que no entre aire. Lo dejamos durante 2 horas.

Pasado ese tiempo, la masa ha aumentado su tamaño. Darle forma de bola y hacer dos cortes en la superficie.

Encender el horno a temperatura máxima (250 °C) y colocar en la parte de abajo del horno una fuente de cristal con agua.

En la bandeja del horno, colocar la masa, a una altura media. Transcurridos 20 minutos bajar el fuego a 200 °C durante 15 minutos más.
Sacar el pan y dejar enfriar.

Consejos y trucos

Los cortes en la superficie de la masa de pan permiten la salida de los gases que se producen dentro de la masa y evitan que esta explote, por eso es importante hacerlos.

Puedes poner dentro de la masa, antes de hornearla, frutos secos como nueces o pipas, incluso semillas de amapola, esto hará especial a tu pan.

Vocabulario pan de pueblo

Agua tibia: warm water
Aire: air
Altura media: medium level
Amasar: to mix, to knead
Anterior: previous
Aumentar: to increase
Bajar (el fuego): to lower
Bandeja: tray
Bola: ball
Colocar: to put
Consejo/s: advice/s
Corte/s: edge/s
Cristal: crystal
Dar forma: to shape
Dejar enfriar: to get cold
Dentro de: inside
Durante: for
Encender: to turn on
Enharinar: to coat with flour
Entrar: to go into
Especial: special
Evitar: to prevent
Explotar: to explode
Fruto/s seco/s: nut/s
Fuente: tray
Gas/es: gas/es
Grande: big
Hacer dos cortes: to make two cuts
Harina de fuerza 00: strong wheat flour
Hora: hour
Hornear: to bake
Horno: oven
Importante: important

Incluso: even
Ingrediente/s: ingredient/s
Levadura: yeast
Masa elástica: elastic mass
Mezclar: to mix
Nuez/ nueces: walnut/s
Obtener: to get
Otra vez: again
Pan de pueblo: leavened bread
Papel de plástico transparente: transparent plastic paper
Paño de cocina: kitchen towel
Permitir: to alow
Pipa/s: seed/s
Poder: to be able to
Preparación: preparation
Producir: to make
Recipiente: container
Sacar: to take out
Sal: salt
Salir: to leave
Semillas de amapola: poppy seeds
Superficie: surface
Tamaño: size
Tapar: to cover
Temperatura máxima: maximum temperature
Tiempo: time
Transcurrir: to pass
Trucos: tricks
Volver a dejar: to leave again

RECETA DE EMPANADA

 Ingredientes (para 6 personas)

- 2 láminas de hojaldre
- 1/2 kilogramo de atún en lata al natural
- 3 cebollas
- 1 pimiento verde
- 1 pimiento rojo
- 2 vasos de salsa de tomate
- 1 tomate
- sal
- 1 huevo

Preparación

Precalentar el horno a 180°C durante 10 minutos.

Descongelar las láminas de hojaldre y enharinar una superficie. Extender las láminas por separado con ayuda de un rodillo. Poner unas gotas de aceite en la bandeja del horno y extender con un trozo de

51

papel de cocina. Colocar en la bandeja del horno una lámina de hojaldre.

Picar la cebolla, el pimiento rojo y el verde y rehogar en una sartén. Añadir el tomate cortado en dados. Añadir la salsa de tomate y sal a gusto.

Abrir la lata de atún y escurrir bien el líquido. Mezclar el atún con el sofrito anterior. Rellenar la empanada con esta mezcla. Colocar la otra lámina de hojaldre encima del relleno. Pinchar la lámina con un tenedor.

En un vaso, batir un huevo. Pintar la superficie del hojaldre con el huevo batido.

Meter al horno a 180ºC media hora.

Trucos y consejos

Puedes variar el relleno, admite carne, bacalao, almejas. Antes de servir dejar enfriar.

Vocabulario empanada

A gusto: at ease
Abrir: to open
Almeja/s: clam/s
Atún: tuna
Añadir: to incorporate
Bacalao: cod
Bandeja: tray
Batir: to beat
Carne: meat
Cebolla: onion
Colocar: to put
Consejo/s: advice/s
Dado/s: cube/s
Dejar enfriar: to leave to cold
Descongelar: to defrost
Durante: for
Empanada: pastry
Enharinar: to sprinkle with flour
Escurrir: to strain
Extender: to extend
Gota/s: drop/s
Horno: oven
Huevo/s: egg/s
Ingrediente/s: ingredient/s
Lata: can
Lámina de hojaldre: puff pastry sheet
Líquido: liquid
Media hora: half hour
Meter: to place into/ to put
Mezclar: to mix
Minuto/s: minute/s

Persona/s: person/people
Picar: to mince
Pimiento rojo: red pepper
Pimiento verde: green pepper
Pinchar: to poke
Pintar: to paint
Poder: to be able to
Poner: to put
Precalentar: to preheat
Preparación: preparation
Receta: recipe
Rehogar: to fry lightly
Rellenar: to fill
Relleno: filling
Rodillo: rolling pin
Sal: salt
Salsa de tomate: tomato sauce
Sartén: frying pan
Servir: to serve
Sofrito: stir-fry
Superficie: surface
Tenedor: fork
Tomate: tomato
Trozo de papel de cocina: a piece of kitchen paper
Trucos: tricks
Variar: to change
Vaso: glass

RECETA DE PISTO

 Ingredientes (para 4 personas)

- 1 berenjena
- 1 calabacín
- 1 pimiento rojo
- 1 pimiento verde
- 2 cebollas
- 700 gramos de tomate natural triturado
- aceite de oliva
- sal

Preparación

Lavar las hortalizas. No es necesario pelarlas. Cortar en dados todas las hortalizas y reservar. En una sartén con aceite de oliva, poner la cebolla y el pimiento verde y rojo y sofreír durante 5 minutos. Después añadir el calabacín y sofreír durante otros

5 minutos. Agregar el tomate y sofreír durante 20 minutos a fuego lento.

Retirar del fuego y colocar en una bandeja. Salar a gusto.

Trucos y consejos

Este plato se puede comer frío o caliente. Es ideal para dejarlo preparado y consumir al día siguiente. Se le puede añadir unas patatas fritas cortadas a dados de manera opcional. También se puede añadir huevo o carne de cerdo a dados.

Vocabulario pisto

A gusto: at ease
Aceite de oliva: olive oil
A fuego lento: over a low flame, slow cooked
Agregar: to incorporate
Añadir: to add
Bandeja: tray
Berenjena: eggplant
Calabacín: courgette
Caliente: hot
Carne: meat
Cebolla/s: onion/s
Cerdo: pork
Colocar: to put
Comer: to eat
Consejo/s: advice/s
Consumir: to consume
Cortar: to chop, to cut
Dado/s (cubos): cube/s
Dejarlo preparado: to leave it ready
Después: after
Durante: for
Día siguiente: next day
Frío: cold
Hortaliza/s: vegetable/s
Huevo/s: egg/s
Ideal: ideal, perfect
Ingrediente/s: ingredient/s
Lavar: to wash
Manera opcional: optional way
Minuto/s: minute/s
Necesario: necessary

Pisto: fried vegetable hash, ratatouille
Patatas fritas: fried potatoes
Pelar: to peel
Persona/s: person/ people
Pimiento rojo: red pepper
Pimiento verde: green pepper
Plato: plate
Poder: to be able to
Poner: to put
Preparación: preparation
Receta: reciepe
Reservar: to save, to keep
Retirar: to move away
Sal: salt
Salar: to salt
Sartén: frying pan
Ser: to be
Sofreír: to fry lightly
Tomate natural triturado: natural crushed tomato
Trucos: tricks

RECETA DE GAMBAS AL AJILLO

 Ingredientes (4-5 personas)

- 500 gramos de gambas
- 4 dientes de ajo
- 1 guindilla pequeña
- 50 mililitros aceite de oliva
- sal
- perejil

Preparación

Pelar las gambas. Pelar los ajos y cortarlos en trozos muy pequeños. Cortar la guindilla en dos partes.

Añadir el aceite a una sartén. Cuando el aceite esté caliente añadir los ajos y la guindilla y bajar el fuego. Cuando comiencen a dorarse, añadir las gambas y remover todo. Cuando las gambas adquieran color rosado, añadir la sal y el perejil.

Remover durante unos minutos. Sacar de la sartén y servir.

Consejos y trucos

Elegir gambas de tamaño medio. Acompañar el plato con unas rebanadas de pan.

Vocabulario gambas al ajillo

Aceite de oliva: olive oil
Acompañar: to go with
Adquirir: to get
Añadir: to incorporate
Bajar: to lower
Caliente: hot
Color rosado: rosy
Comenzar: to start
Consejo/s: advise/s
Cortar: to cut
Diente de ajo: clove of garlic
Dorar: to brown
Durante: for
Elegir: to choose
Estar: to be
Fuego: flame
Gamba/s: shimp/s
Guindilla: chilli pepper
Ingrediente/s: ingredient/s
Minuto/s: minute/s
Parte/s: fraction/s
Pelar: to peel
Pequeña: small
Perejil: parsley
Persona/s: person/ people
Plato: dish
Preparación: preparation
Rebanada/s de pan: bread slice/s
Receta: recipe
Remover: to stir
Sacar: to take out

Sal: salt
Sartén: frying pan
Servir: to serve
Tamaño medio: medium size
Todo: all
Trozo/s: piece/s
Trucos: tricks

RECETA DE SOLOMILLO DE CERDO CON CEBOLLA CONFITADA

 Ingredientes (para 6 personas)

- 2 solomillos de cerdo
- 1 kilogramo de cebolla
- 1 vaso de vino.
- aceite de oliva
- sal
- azúcar
- pimienta negra

Preparación

Pelar las cebollas y cortarlas en tiras finas. En un sartén, poner tres cucharadas soperas de aceite a fuego lento y freír las tiras de cebolla. Mover para que no se peguen.

Añadir, poco a poco, el vino junto con dos cucharadas soperas de azúcar hasta que la cebolla esté blanda.

En otra sartén, ponemos dos cucharadas soperas de aceite, freír los solomillos enteros durante 8 o 10 minutos. Darles la vuelta de vez en cuando. Sacar los solomillos y colocarlos en una bandeja, sazonar y añadir la pimienta negra molida.

Dejar que se enfríen los solomillos y cortarlos en filetes muy finos. Colocarlos en una fuente y añadir por encima la cebolla confitada. Servir sin calentar.

¡Buen provecho!

Consejos y trucos

Elegir cebollas tiernas. Para que el solomillo tarde menos en hacerse, pinchar con un tenedor en varias partes. Si al cortarlo vemos que en el centro el solomillo está un poco rosado, no significa que no esté bien hecho, es así como debe quedar.
La receta queda mejor con vino "oloroso" un tipo de vino de Jerez, seco, de color ámbar, pero si no puedes conseguirlo sirve cualquier vino.

Vocabulario solomillo de cerco con cebolla confitada

Aceite de oliva: olive oil
Azúcar: sugar
Añadir: to add
Bandeja: try
Blanda: soft
Cebolla: onion
Centro: center
Cerdo: pork
Colocar: to put
Color ámbar: amber
Confitada: candied
Conseguir: to get
Consejo/s: advice/s
Cortar: to cut/ to chop
Cucharadas soperas: soup spoons
Dar la vuelta: to turn over
Dejar: to allow
Elegir: to choose
Enfriar: to get cold
Entero: whole
Estar: to be
Filete/s: slice/s
Finas/os: thin
Freír: to fry
Fuego lento: slow cooked
Fuente (bandeja): tray
Hacer: to make (to cook)
Ingrediente/s: ingredient/s
Junto: together
Menos: less

Minuto/s: minute/s
Mover: to move
Pegar: to paste
Pelar: to peel
Pero: but
Persona/s: person/people
Pimienta negra: black pepper
Pinchar: to poke
Poco a poco: bit by bit
Poner: to put
Por encima: over
Preparación: preparation
Receta: recipe
Rosado: rosy
Sacar: to take out
Sal: salt
Sartén: frying pan
Sazonar: to season
Seco: dry
Servir: to serve
Significar: to mean
Sin: without
Solomillo: sirloin
Tardar: to take (time)
Tenedor: fork
Tierna: soft
Tipo: kind
Tira/s: band, strip
Trucos: tricks
Vaso: glass
Ver: to see
Vino oloroso (vino de Jerez): oloroso sherry
Vino: wine

RECETA DE CALDERETA DE PULPO Y ALMEJAS

 Ingredientes (para 5 personas)

- 1 cebolla
- 1 tomate
- ¼ kilogramo de pimiento rojo
- ½ kilogramo de pimiento verde
- 1 cuchara pequeña de pimentón dulce
- 1 vaso vino blanco
- 6 dientes de ajo
- perejil
- ½ kilogramo de pulpo
- ½ kilogramo de almejas

Preparación

Limpiar el pulpo y cortarlo a rodajas. Limpiar las almejas. Cocer las almejas en agua con sal hasta que se abran.

Hervir el pulpo durante una hora en el agua de las almejas.

Freír el ajo picado junto con el perejil y guardar. Para hacer el sofrito, trocear el pimiento y la cebolla. Añadir el pimentón. Cortar el tomate a dados y añadir a la mezcla anterior.

Añadir las almejas al sofrito. Añadir el vino blanco y el pulpo y dejar hervir media hora a fuego lento.

Consejos y trucos

Colar el agua donde han hervido las almejas y úsalo para cocinar. Utilizar perejil fresco.

Vocabulario caldereta de pulpo y almejas

A fuego lento: at slow cooked
Abrir: to open
Agua: water
Almeja/s: clam/s
Añadir: to incorporate
Caldereta: stew
Cebolla: onion
Cocer: to boil
Colar: to filter/ to strain
Consejo/s: advice/s
Cortar: to cut
Cuchara: spoon
Dado/s: cube/s
Dientes de ajo: cloves of garlic
Durante: for
Fresco: fresh
Freír: to fry
Guardar: to keep
Hacer: to make
Hervir: to boil
Hora: hour
Ingrediente/s: ingredient/s
Limpiar: to wash
Media hora: half hour
Mezcla: mixture
Pequeña: small
Perejil: parsley
Persona/s: person/ people
Picado: minced
Pimentón dulce: sweet paprika
Pimiento rojo: red pepper

Pimiento verde: green pepper
Preparación: preparation
Pulpo: octopus
Receta: recipe
Rodaja/s: slice/s
Sal: salt
Sofrito: stir-fry
Tomate: tomato
Trocear: to chop
Trucos: tricks
Utilizar: to use
Vaso vino blanco: glass of white wine

RECETA DE ANCHOAS EN VINAGRE

 Ingredientes

- 1 kilogramo de anchoas limpias
- sal
- vinagre de vino blanco y agua (Proporción 80% vinagre-20% agua)
- tres dientes de ajos
- aceite de oliva
- perejil fresco

Preparación

Coger una a una las anchoas y tirar de la cabeza sujetando el cuerpo con la mano. Tirar las vísceras así obtenidas. Separar los lomos con un dedo y eliminar cualquier otro resto.

Tirar de la espina y romperla antes de la cola. Lavar con agua.

Una vez limpias, congelar las anchoas un día para eliminar el anisakis.

Al día siguiente, descongelar.

Preparar un recipiente y colocar las anchoas, una a una, con la piel hacia abajo. En una jarra mezclar vinagre y agua en proporción 80/20 y añadirle sal. Verter esta mezcla sobre las anchoas.

Añadir en el recipiente otra capa de anchoas y volver a cubrir con la mezcla. Repetir el proceso hasta terminar las anchoas.

Macerar en la nevera durante 8 horas o más.

Sacar de la nevera y eliminar el exceso de la mezcla de vinagre y agua. Añadir el ajo picado, el aceite de oliva y el perejil. Macerar en la nevera durante 3 horas más.

Pasado ese tiempo, servir.

Consejos y trucos

Elegir anchoas de un tamaño medio o grande, pues se limpian mejor y se rompen menos. Los tiempos de maceración pueden variar según gustos, al igual que la cantidad de ajo picado.

Vocabulario anchoas en vinagre

Aceite de oliva: olive oil
Agua: water
Ajo picado: minced garlic
Al día siguiente: the next day
Anchoa/s: anchovy/ anchovies
Anisakis: anisakis
Añadir: to add
Cabeza: head
Capa: layer
Coger: to take
Cola: tail
Colocar: to put
Congelar: to freeze
Cubrir: to cover
Cuerpo: body
Cómo: How
Dedo: finger
Descongelar: to defrost
Diente de ajo: clove of garlic
Día: day
Eliminar: to remove
Espina: spine
Exceso: excess
Hacia abajo: down
Hora/s: hour/s.
Ingrediente/s: ingredient/s.
Jarra: jar
Lavar: to wash
Limpiar: to clean
Limpia: clean
Lomo/s: fillet/s

Macerar: to macerate
Mano: hand
Mezcla: mixture
Mezclar: to mix
Nevera: fridge
Perejil fresco: fresh parsley
Piel: skin
Preparación: preparation
Preparar: to prepare
Proceso: process
Proporción: amount
Receta: recipe
Recipiente: pan, container
Repetir: to repeat
Resto: rest
Romper: to break
Sal: salt
Separar: to separate
Servir: to serve
Sujetar: to hold
Terminar: to finish
Tirar: to throw
Trucos: tricks
Verter: to pour
Vinagre: vinegar
Vinagre de vino blanco: white wine vinegar
Víscera/s: viscera/s

TABLA DE EQUIVALENCIAS/ CONVERSION TABLE

Abreviaturas/ Abbreviation

Libras= lb.
Onzas= oz.
Onza líquida= fl oz.
Gramos= gr.
Kilogramo= kg.
Litros= l.
Mililitros= ml.
Temperatura en grados Celsius= T °C
Temperatura en grados Fahrenheit= T °F

Volumen

1 onza líquida (American)= 29,5 ml.
1 onza líquida (British)= 28,4 ml.

36 onzas líquidas = 4 ½ tazas = 1 l.

Masa

1 onza = 28 gr.
16 onzas = **1 libra = 450 gr.**
36 onzas = 2 ¼ libras = 1 kg.

Cups (tazas)

1 *cup* de líquido (liquid) = **250 ml.**
1 cup de sólido (solid)= 250gr.= 8,75 oz.
1 *cup* de harina (flour) = 128 gr.
1 *cup* de azúcar (sugar) = 201 gr.

Spoons (cucharas)

1 teaspoon = 5 ml.
1 tablespoon = 15 ml. o 3 teaspoons

Equivalencias de temperatura

Fahrenheit (°F)	*Centígrados (°C)*	*Descripción*
250 °F	120°C	Bajo (low)
350 °F	180°C	Moderado (medium)
400°F	200°C	Caliente (hot)
450°F	230°C	Muy caliente (very hot)

Equivalencias en peso

1 kilogramo= 1000 Gramos= 35,3 Onzas= 2,20 Libras

1 onza= 38,35 gramos
1 libra= 453,6 gramos
1 kilo= 2,2 libras

1 libra= 16 onzas
1 gramo= 0,0353 onzas

Equivalencias en volúmenes

1 Litro= 1000 mililitros= 0,26 galón= 1 cuarto= 2 pintas

Nuestra recomendación es conseguir recipientes con las medidas tanto en el sistema decimal como en el sistema anglosajón. En cualquier caso, estas equivalencias os ayudarán.

Our recommendation is to get containers where indicate both the measurements in the decimal system and in the English/American system. In any case, these equivalences will help you.

¡Buen provecho!
Bon appétit!

Notas/Notes

Notas/Notes

Otros títulos de la colección publicados hasta la fecha

Aprende español – Learn Spanish
con Improve Spanish Reading

Visita nuestra página web
http://improve-spanish-reading.webnode.es/

o escribe a la dirección:
improvespanishreading@gmail.com

Printed in Great Britain
by Amazon